- Collection -

THÉMATIQUES

Complétez votre collection sur

www.quellehistoire.com

- Collection -
PERSONNAGES

Complétez votre collection sur

www.quellehistoire.com

Quelle Histoire

Édition et conception : Quelle Histoire SAS. 22, Villa de Lourcine 75014 Paris
Illustrations : Bruno Wennagel, Mathieu Ferret, Guillaume Biasse, Mathilde Tuffin
Textes : Claire Dozoir

Siège social : 22, Villa de Lourcine 75014 Paris

www.quellehistoire.com
contact@quellehistoire.fr

Fabriqué par Labelfab / Imprimé en France par Stin Imprimerie - Toulouse

Dépôt légal mars 2019

Loi n°49-956 du 16 juillet 1949 sur les publications destinées à la jeunesse

PEFC 10-31-2841

FABRIQUÉ EN FRANCE

LES CHÂTEAUX DE LA LOIRE

Les merveilles de la Renaissance

L'art de la Renaissance en France

Au XVe siècle, un courant artistique est né en Italie : la Renaissance. Les rois de France l'ont découvert lorsqu'ils sont allés y faire la guerre. Éblouis par ce qu'ils ont vu, ils rêvent de rénover leurs donjons féodaux ou de se faire construire de splendides demeures dans le nouveau style italien. Ils vont les faire bâtir dans le Val de Loire où la Cour mène une vie itinérante, allant d'une résidence à l'autre. Nous avons beaucoup de chance, car les châteaux de la Loire sont très bien conservés et peuvent encore être visités aujourd'hui !

XVe - XVIe siècle

Les techniques de construction

Ces châteaux sont construits avec de gros blocs de calcaire blanc, appelé du tuffeau, qu'on trouve en grande quantité dans la région. Ils sont différents des châteaux forts moyenâgeux : finis les ponts-levis, les herses et les douves qui servaient à se défendre, les châteaux de la Loire ne sont plus des forteresses militaires. Les ouvertures, qui étaient auparavant de minuscules meurtrières, sont devenues de grandes fenêtres laissant entrer la lumière. Dans les vastes salles, le souverain se détend avec sa Cour et organise des bals. Et dans les forêts environnantes, il chasse le gibier. C'est une vie bien agréable !

XVe - XVIe siècle

Amboise, le château de Charles VIII

Le château d'Amboise, situé sur un éperon rocheux au-dessus de la Loire, est particulièrement apprécié par le roi Charles VIII, car il y est né et y a passé toute son enfance. En 1492, il entreprend de grands travaux… Il fait installer une bibliothèque pour les livres de ses parents, fait construire la chapelle Saint-Hubert et fait aménager un beau jardin sur la terrasse. Malheureusement, alors que le souverain court pour aller faire une partie de jeu de paume, il se cogne la tête contre le linteau d'une porte et meurt dans son château en 1498.

1492

Blois, résidence royale

Le successeur de Charles VIII, Louis XII, est né dans un autre château, celui de Blois. En 1498, il en fait la nouvelle résidence royale, c'est pourquoi on trouve son emblème un peu partout : un porc-épic... Eh oui, il ne faut pas se frotter au roi ! Avec son épouse Anne de Bretagne, il va le transformer et y aménager une aile Renaissance, remarquable avec ses briques rouges chaînées de pierres blanches, qui tranche avec le reste de l'édifice ! Plus tard, François Ier fait bâtir un extraordinaire escalier, donnant sur la cour. Les rois de France séjourneront dans ce château jusqu'au XVIIe siècle.

1498

Chenonceau, le château des Dames

Surnommé le château des Dames, ce sont en effet des femmes qui ont fait de ce château l'un des plus beaux. Sa construction commence en 1513, sur l'une des rives du Cher, sur ordre d'une grande dame, Catherine Briçonnet. Puis le roi Henri II l'offre à sa favorite, Diane de Poitiers, qui l'embellit en y aménageant un jardin et en chargeant son architecte Philibert Delorme de construire un pont pour relier les deux rives. À la mort du roi, la reine Catherine de Médicis récupère le château et fait ajouter une galerie à deux étages sur le pont bâti par sa rivale…

C'est très original !

1513

Le Clos Lucé, demeure de Léonard

En 1516, François Ier, grand amoureux des arts, réussit à convaincre Léonard de Vinci, pourtant très âgé, de venir vivre en France. Le roi l'installe alors confortablement dans le château où il a lui-même passé son enfance : le Clos Lucé, à Amboise, tout près du château royal. Cette bâtisse, plus petite que les autres châteaux, est composée de briques roses et de tuffeau blanc. C'est une demeure chaleureuse dans laquelle Léonard peint, bricole et invente de drôles de machines... Aujourd'hui, on peut y admirer des maquettes inspirées de ses croquis !

1516

Azay-le-Rideau, le château sur une île

En 1518, le trésorier de François Ier, Gilles Berthelot, fait construire le château d'Azay-le-Rideau sur les ruines d'une ancienne forteresse. Situé sur une île au milieu de l'Indre, ses fondations sont sur pilotis... Si tu voyais le château se refléter dans la rivière, c'est magnifique ! À l'intérieur, c'est tout aussi beau : le plafond des vastes cuisines comporte des voûtes pointues en ogives, comme les cathédrales du Moyen Âge. Mais en 1523, le roi soupçonne son trésorier de détourner de l'argent et lui confisque sa demeure. L'édifice, qui appartiendra à différentes familles au fil des siècles, sera sans cesse amélioré.

1518

Chambord, le prince des châteaux

En 1519, François Ier pose la première pierre du château de Chambord, au milieu d'une forêt où il adore chasser. L'édifice devra montrer la grandeur du roi, c'est pour cela qu'il est le plus grand des châteaux de la Loire et qu'on y trouve plusieurs représentations de la salamandre, l'emblème de François Ier. Avec son escalier à double révolution, imaginé par Léonard de Vinci, et ses toits couverts de centaines de cheminées entre lesquelles on peut se promener, Chambord est un bijou que l'Europe va envier au roi. Pourtant, François Ier n'y passera que 72 nuits en 32 ans de règne.

1519

Villandry, le plus épuré des châteaux de la Loire

Les chantiers du château de Chambord ont très longtemps été dirigés par le ministre des Finances de François Ier, Jean Le Breton. Ce dernier se sert de cette expérience pour bâtir le château de Villandry, tout près de la ville de Tours. Il veille à conserver une architecture épurée pour laquelle le bâtiment est célèbre aujourd'hui. Ses tours sont carrées plutôt que rondes comme dans les autres châteaux, ses jardins changent au gré des saisons, et sa cour d'honneur offre une vue imprenable sur les vallées du Cher et de la Loire. Villandry est le dernier grand château Renaissance construit dans la région.

1536

Et tous les autres !

Cheverny, Sully-sur-Loire, Montsoreau, Langeais, Nantes, Beaugency… Au total, on compterait près de 3 000 châteaux dans la région, des plus grands, réservés au roi, aux plus petits, qui appartenaient à de simples seigneurs ! Ce ne sont pas seulement des monuments magnifiques, certains ont aussi été le cadre d'événements historiques, comme le château de Langeais, où Charles VIII a épousé Anne de Bretagne en 1491, ou celui de Nantes, où Henri IV a signé l'édit de 1598, autorisant ainsi la religion protestante en France. Si tu es chanceux, tu en visiteras peut-être quelques-uns avec ta famille ou ton école !

1462
Naissance de Louis XII à Blois.

1498
Mort du roi Charles VIII à Amboise.

1500
Travaux au château de Blois.

1515
Début du règne de François Ier.

1516
Léonard de Vinci s'installe au Clos Lucé.

1460

1491
Mariage d'Anne de Bretagne et de Charles VIII au château de Langeais.

1498
Début du règne de Louis XII.

1513
Construction du château de Chenonceau.

1515
Fin de la construction du château de Montsoreau.

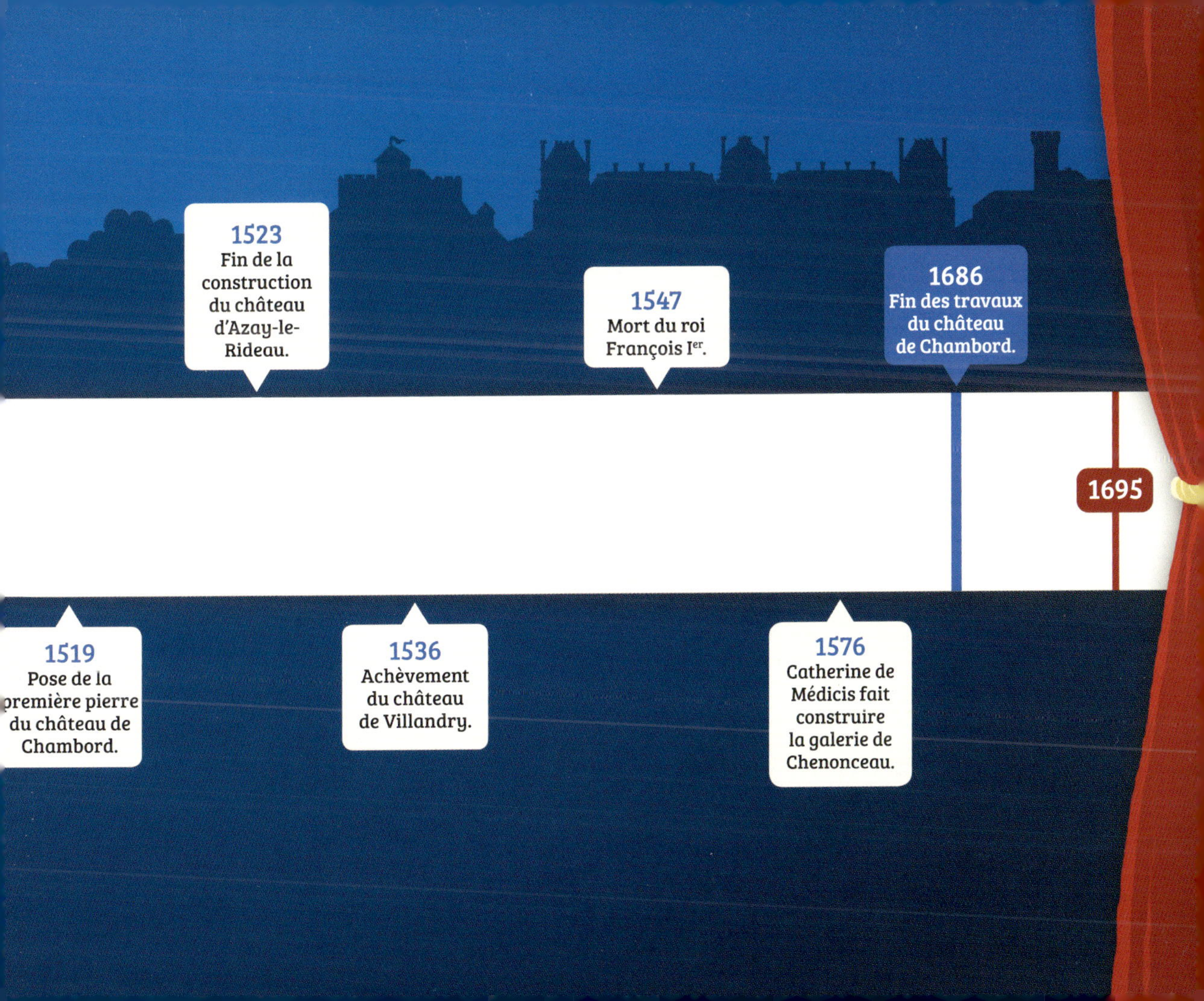
1519
Pose de la première pierre du château de Chambord.
1523
Fin de la construction du château d'Azay-le-Rideau.
1536
Achèvement du château de Villandry.
1547
Mort du roi François Ier.
1576
Catherine de Médicis fait construire la galerie de Chenonceau.
1686
Fin des travaux du château de Chambord.
1695

Les châteaux de la Loire
6
3
2
4
1
5

Légende de LA CARTE

1 Cheverny (Loir-et-Cher)

Le château de Cheverny a été construit en 1624 pour remplacer une ancienne forteresse médiévale. Sais-tu qu'il a inspiré le château de Moulinsart dans les albums de Tintin ?

2 Nantes (Loire-Atlantique)

Château fort du côté de la Loire, le château des ducs de Bretagne est de style Renaissance sur la cour intérieure. Anne de Bretagne y fait ajouter la tour de la Couronne d'Or.

3 Sully-sur-Loire (Loiret)

À l'origine, le château de Sully-sur-Loire contrôlait un pont sur la Loire, mais le pont a ensuite disparu et le château a été transformé. Le grand Sully, ministre du roi Henri IV, l'a habité.

4 Langeais (Indre-et-Loire)

C'est dans ce château que le roi Charles VIII a épousé Anne de Bretagne en 1491. On peut y voir une reconstitution de leur mariage avec des poupées de cire grandeur nature.

5 Montsoreau (Maine-et-Loire)

Ce château est construit à l'endroit où se rejoignent deux cours d'eau : la Loire et la Vienne. Avant lui, il y avait un temple gallo-romain dont les ruines se trouvent sous le château actuel.

6 Beaugency (Loiret)

Ce château a appartenu à Dunois, qui s'est battu courageusement contre les Anglais en 1429, aux côtés de Jeanne d'Arc. Plusieurs rois y sont venus, comme Louis XI et François Ier.

Les portraits

Charles VIII

(1470-1498)

Fils de Louis XI, Charles VIII a été élevé au château d'Amboise, où il fait faire d'importants travaux de rénovation. Il est mort d'un accident dans ce château.

François Ier

(1494-1547)

Pour imiter ce qu'il a vu en Italie, François Ier convainc Léonard de Vinci de venir en France et fait édifier l'incroyable château de Chambord au milieu d'une forêt giboyeuse.

Philibert Delorme

(1514-1570)

C'est l'un des meilleurs architectes français de la Renaissance. En plus du château de Chenonceau, il a dessiné les plans de celui d'Anet pour Diane de Poitiers, la favorite d'Henri II.

Catherine de Médicis

(1519-1589)

Née en Italie, la femme du roi Henri II apporte à la cour de France les habitudes et les artistes italiens. Elle fait construire la galerie du château de Chenonceau.

L'escalier à double révolution

Ce monumental escalier en pierre, dessiné par Léonard de Vinci, est exceptionnel : ceux qui le montent et ceux qui le descendent se voient sans jamais se croiser.

La salamandre de François Ier

Chaque roi avait un emblème… François Ier a choisi la salamandre car on dit qu'elle peut traverser le feu sans se brûler ! Elle est presque indestructible !

Le porc-épic de Louis XII

Pour emblème, Louis XII a choisi le porc-épic à cause de ses longs piquants : ses ennemis ont peu de chances de triompher d'un animal qui a une telle armure...

L'homme de Vitruve

Ce dessin de Léonard de Vinci a été réalisé en 1490 d'après les recherches d'un architecte de l'Antiquité romaine : Vitruve. Il montre les proportions idéales du corps humain, qui s'inscrit dans un cercle.

Le Jeu des 7 ERREURS

Trouve les 7 différences entre l'image de gauche et l'image de droite.

Solution : l'échafaudage, l'échelle, la barbe, le marteau, les oiseaux, les arbres, la fissure.

Le Jeu du
LABYRINTHE

Aide Catherine de Médicis à trouver le chemin de son miroir.

Solution : le bon chemin est le numéro 3.

Le Jeu des
OMBRES

Retrouve la bonne ombre de Philibert Delorme.

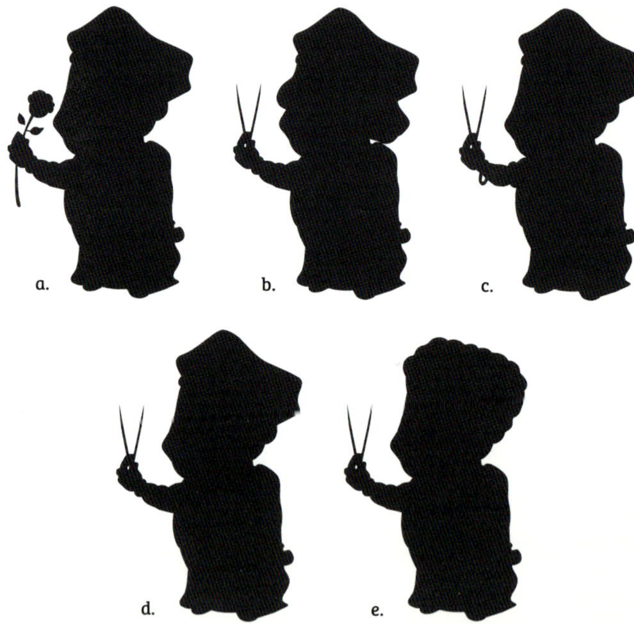

Bonne réponse : l'ombre d.

Le Jeu du

QUIZ

1. Quel animal est l'emblème de Louis XII ?

   a. Le porc-épic
   b. La salamandre
   c. Le dragon
   d. Le lion

2. Comment est surnommé le château de Chenonceau ?

   a. Le château des Femmes
   b. Le château des Épouses
   c. Le château des Dames
   d. Le château des Reines

3. Léonard de Vinci a imaginé l'escalier à...

   a. Double tour
   b. Double révolte
   c. Double tranchant
   d. Double révolution

Bonnes réponses : 1.a / 2.c / 3.d

- Collection -
ENCYCLOPÉDIES

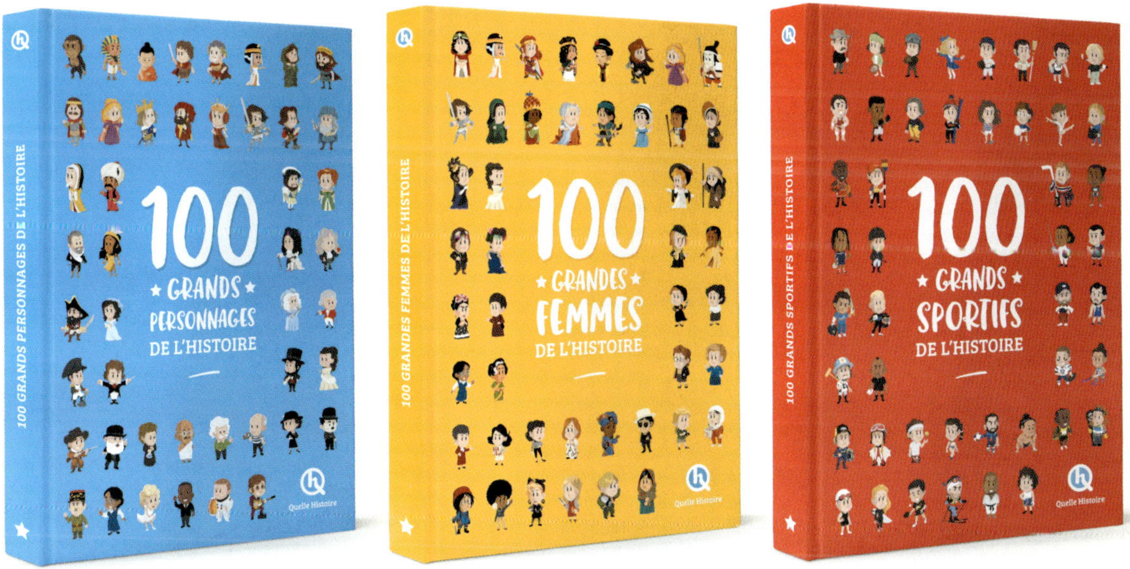

Chers parents, vous aimez Quelle Histoire ? Rejoignez-nous sur les réseaux sociaux !